AF279342

Para Carla, de su Hada Madrina.

Porque detrás de cada princesa hay una historia que la convierte en guerrera.

"El situs inversus es una malformación genética poco frecuente que hace que los órganos del tórax y el abdomen esten colocados al revés". Esta patología se da sólo en el 0,01% de la población.

Pepelusa es un conejito muy peculiar, y no solo porque es esponjoso y blanco como la nieve, además, sus dientes no son largos y afilados, sino ¡¡¡pequeñitos y redondos!!!

Aunque algunos animales del bosque se burlan de él por ser diferente, Pepelusa está orgulloso de su singularidad, porque sabe que es un conejito único y eso lo hace especial.

Un día, Pepelusa y sus papás salieron de la madriguera para buscar comida. Pepelusa estaba muy contento porque se había comportado muy bien y su mamá le había prometido unas sabrosas zanahorias de una huerta cercana.

Pepelusa iba tan feliz que no paraba de saltar y brincar porque las zanahorias eran su comida favorita.

—¡¡¡Zanahorias, ricas zanahorias!!! —gritaba Pepelusa, alborotado.

Bullying, una malvada y vieja águila, conocida y temida por todos los animalitos del bosque, volaba cerca de ellos.

Al escuchar el alboroto, decidió averiguar de dónde provenían las voces, pero en cuanto vio a Pepelusa, se abalanzó rápidamente sobre él para intentar comérselo.

—¡¡¡Corre, Pepelusa, corre!!! —gritaron mamá y papá conejo. ¡¡¡Los gazapos eran la comida preferida de Bullying!!!

Pepelusa corrió y corrió velozmente hacia la madriguera porque era lo que sus padres le habían enseñado que debía hacer cuando estuviese en peligro, pero, con el susto, Pepelusa se desorientó y corrió en dirección contraria a su casa.

Aterrado y agotado, Pepelusa vio un hueco en un árbol y decidió esconderse dentro hasta que sus padres fuesen a buscarlo.

Pepelusa esperó impaciente la llegada de sus papás, pero se había alejado tanto que ellos no pudieron encontrarlo. A la mañana siguiente, Pepelusa sintió hambre y decidió abandonar su refugio para buscar hierbas y verduras con las que poder alimentarse. Pero al salir, se dio cuenta de que no reconocía nada a su alrededor.

¡¡¡Oh, no, Pepelusa se había perdido!!!

Al caer la noche, una fuerte lluvia y un enorme sonido sorprendieron a Pepelusa. Brrrrrum, brrrrrum, resonó ferozmente un trueno en sus blancas orejotas.

Pepelusa, espantado, corrió a refugiarse bajo un arbusto. Estaba tan asustado que dobló sus largas orejitas sobre los ojitos, escondió la colita entre las patitas y se enroscó como una bolita para poder entrar en calor.

Un tremendo viento empujó a Pepelusa con fuerza y lo hizo rodar montaña abajo hasta que acabó chocando con una enorme valla de madera.

Dolorido por el golpe, Pepelusa se quedó ahí quieto y siguió mojándose. La noche era terriblemente oscura y eso le daba muchísimo miedo.

—¡¡¡Mamá, tengo hambre!!! ¡¡¡Papá, tengo frío!!! —murmuraba en voz baja el pequeño gazapito.

Helado y empapado por la lluvia, Pepelusa no podía parar de tiritar. Su pelo ya no estaba blanco como la nieve, sino marrón y sucio debido al barro. De pronto, un relámpago iluminó el cielo y Pepelusa, horrorizado, pudo ver a lo lejos la silueta de un enorme y feroz animal observándolo.

¡¡¡Pobre Pepelusa!!!, ¿qué iba a ser de él?

Pirata es un enorme y viejo perro pastor ovejero que protege y cuida a todos los animalitos de la granja. Él también es especial porque cada uno de sus ojos ¡¡¡tiene un color diferente!!!

El ojo izquierdo es de un bonito color chocolate y el ojo derecho es tan azul como las olas del mar, ¡¡¡por eso le llaman Pirata!!!

Aunque a veces pueda dar un poco de miedo por su gran tamaño y su enorme boca, Pirata es un perro muy bueno y siempre está dispuesto a ayudar a sus amigos de la granja.

Una oscura y húmeda noche, mientras Pirata observaba la lluvia, un enorme rayo atravesó el cielo, iluminando el bosque, y entonces, algo llamó su atención.

Pirata vio correr frente a sus ojos, una rara y temblorosa pelusa.

Primero pensó que se trataba de la típica bola de pelo o de plumas que siempre revoloteaba por los alrededores de la granja, pero después observó que, aunque la extraña pelota ya se había parado, seguía tiritando, por lo que decidió acercarse para ver bien lo que era.

—¿Qué eres? —refunfuñó Pirata mientras olisqueaba con su enorme nariz la temblorosa pelotita.

—Po-po-por favor, no-no-no me hagas daño —suplicó Pepelusa.

—No te preocupes, pequeña criatura, no quiero hacerte daño. ¿Eres una pelusa que habla? —preguntó Pirata.

—No-no-no —tartamudeó Pepelusa debido a que no podía dejar de temblar por el miedo y por el frío.

—So-so-soy un co-co-nejito —consiguió decir al fin Pepelusa.

—¿Estás seguro de que eres un conejo? ¡¡¡Te pareces más a un ratón!!! —añadió Pirata—. ¿Dónde están tus largos dientes? —prosiguió.

—No-no-no tengo —contestó Pepelusa.

—¡¡¡Ahoy!!! Creo que te has hecho un chichón en la cabeza y por eso no recuerdas quién eres —dijo Pirata—.

¿Dónde están tus padres?, ¿tienes algún nombre? —siguió preguntando Pirata.

Pero Pepelusa no respondió. Estaba demasiado ocupado pensando en cómo sería un ratón. Pepelusa nunca había visto ese animalito antes, por lo que dudaba si Pirata tenía razón y él era medio conejo y medio ratón y no lo sabía.

—Está bien —dijo Pirata—, como necesitas un nombre, ¡¡¡te llamaré Pelusa!!!

—¿Pe-pe-lusa? —preguntó tartamudeando el pequeño conejito.

—Nooo, ja, ja, ja —rio Pirata—. Aunque Pepelusa tampoco suena mal —dijo mientras se disponía a cogerlo con su boca, de forma lenta y delicada para llevarlo dentro de la granja a un lugar seco y seguro.

—¡¡¡No me comas, por favor!!! —suplicó Pepelusa cuando vio los enormes dientes de Pirata cerca de él.

—¿Comerte yo? ¡¡¡Tranquilo, pequeño!!!, yo no como ratones y tampoco conejos. Además, ahora somos amigos y voy a cuidar de ti —dijo Pirata con una sonrisa.

Pepelusa estiró sus orejitas, miró tímidamente a los ojos de Pirata y quedó maravillado al ver que ¡¡¡él también era especial!!!

Desde ese día, Pepelusa fue muy feliz porque se convirtió en el animal más querido y cuidado por todos los miembros de una hermosa y original familia llamada "Granja".

Y colorín, colorete,
Pepelusa volverá en un periquete.

APRENDE CON PEPELUSA

¡¡¡NO TE ACOSTARÁS SIN SABER UNA COSA MÁS!!!

1- ¿Qué animal es Pepelusa?

A- Un conejo.

B- Un pájaro Loco.

2- Los conejos tienen…

A- Las orejas y los dientes largos.

B- Dos patas y zapatos.

3- ¿Por qué es especial Pepelusa?

A- Porque sus dientes no son largos.

B- Porque sabe volar.

4- ¿Qué comen los conejos?

A- Verduras y hierbas.

B- Bocadillos de jamón y queso.

5- ¿Cómo se llaman las casas de los conejos?

A- Madrigueras.

B- Castillos hinchables.

6- ¿Cómo se llaman las crías
de los conejos?
A- Gazapos.
B- Pollitos.

7- ¿Quién es Bullying?
A- Un águila muy mala.
B- Un pez muy bueno.

8- ¿Qué comen las águilas?
A- Animales pequeños.
B- Arroz con tomate.

9- ¿Qué animal es Pirata?
C- Un perro pastor ovejero.
D- Un oso hormiguero.

10- ¿Por qué Pirata es especial?
A- Porque tiene un ojo de cada color.
B- Porque tiene una pata de palo.

SOLUCIONES

Si tu respuesta es A, Pepelusa dice:
¡¡¡Eres muy listo!!!
Si tu respuesta es B, Pepelusa dice:
¡¡¡Vuelve a intentarlo!!!

APULEYO
EDICIONES